INHALT

SPIELE:

Impressum
ISBN 3-8212-0948-8

Lizenz durch:
B.G.M.M.,
D-2114 Hollenstedt

Verantwortlich für diese Ausgabe: XENOS Verlagsgesellschaft mbH
Am Hehsel 40,
2000 Hamburg 63
Illustrationen:
Johannes Saurer
Texte:
Winfried Debertin
Satz:
K+K Werbeagentur,
Printed in Italy

Leonie Löwenherz

SPIELE UND GESCHICHTEN

VON WINFRIED DEBERTIN
UND JOHANNES SAURER

FLUCHT AUS AFRIKA

Wir alle lesen in unserem Leben immer wieder Geschichten, die mit „es war einmal“ beginnen. Diese Geschichte konnte so nur in unseren Tagen beginnen, zu einer Zeit, da den Reisen der Menschen, dem Tourismus, wie es heißt, keine Grenzen gesetzt sind.
Und so beginnen wir in der Steppenlandschaft am Viktoriasee in Afrika, nicht unweit von einem der größten Naturschutzgebiete der Welt, der SERENGETI.
Dort lebt die Löwenfamilie Löwenherz, Vater, Mutter und vier Löwenjunge. Sie verstehen sich gut mit dem Rest der Verwandtschaft, der genau wie sie tagsüber in der brütenden Sonnenhitze faul im Schatten döst – und erst nachts so richtig zum Leben erwacht.
Dann geht es auf die Jagd, denn eine große Familie braucht eine ganze Menge Futter, um überleben zu können. Mutter Löwenherz ist mit ihrer Schwester und wiederum ihrer Mutter weit und breit die beste Jägerin – und deshalb mangelt es den „LÖWENHERZENS“ und ihrer Verwandtschaft nie an Futter.

Wenn alle wieder einmal satt und zufrieden waren, spielten die jüngsten der Familie miteinander – und die erwachsenen Löwen liegen bedächtig da – und dösen vor sich hin.

Doch an einem sonst wunderschönen Sommertag sollte sich alles Leben wieder auf einen Schlag ändern: Es gab schon immer vor allem eine Gefahr, die von Menschen ausging, die im Urlaub Afrika besuchten – um auf Safari zu gehen. Für diese Touristen war es spannend, auf die Jagd zu gehen und Tiere zu erlegen. Sei es, um ihr Fell mit nach Hause zu nehmen oder sich nur stolz neben einem erlegten Tier für ein Erinnerungsfoto ablichten zu lassen.

Als dieser wunderschöne Sommertag langsam sich seinem Ende neigte, die sengende Hitze die Steppe verließ, weil die Sonne unterging und die Kühle der Nacht viele Tiere zu neuem Leben zu erwecken schien, da hörte auch die Familie Löwenherz ein merkwürdiges Geräusch: es war das Geräusch eines Geländeautos, in dem eine SAFARIGESELLSCHAFT zur Jagd fuhr.

Familie Löwenherz schien das erst nicht zu beeindrucken, Papa Löwenherz und zwei Onkels lagen immer noch abwartend unter dem großen Baum, während Mama Löwenherz, ihre Mutter und ihre Schwester bereits auf Futtersuche waren.
Niemand argwöhnte oder schien beunruhigt – bis das Geräusch des Wagens plötzlich verstummte, der Wagen aber immer noch zu sehen war: ob er wohl schlief – und deshalb kein Geräusch mehr von sich gab? Die Löwenherzens wußten es nicht. Aber ihr großes Vertrauen in die Natur und die Gesetze der Steppe sollte ihnen bald eine böse Überraschung bereiten: plötzlich knallte ein ohrenbetäubender Lärm durch die Luft und das hohe Steppengras. Und in der Nähe schien

ein Wüstenfuchs aufgeschreckt davonzujagen. Alles war von einem zum nächsten Moment anders: die Löwenherzkinder drängten sich verschreckt an den Onkel und den Vater, die Mutter und ihre Schwester kamen mit einem großen Sprung herbei – Oma war etwas zugestoßen! Nach dem Knall war sie auf einmal umgefallen – und hat sich nicht mehr gerührt.
Als wäre diese Nachricht nicht schon schlimm genug, kamen merkwürdige Stimmen von aufrecht gehenden Zweibeinern immer näher. Die fuchtelten mit merkwürdig aussehenden langen Geräten herum – und plötzlich waren sie so nahe, daß sie mit dem nächsten Schritt alle Mitglieder der Sippe Löwenherz erwischt hätten, wenn da nicht das hohe Gras und die hereinbrechende Dunkelheit gewesen wären.

Die „Stiefel“ gingen vorbei, schienen ziellos durch das Steppengras zu laufen, da wurde es Vater Löwenherz zu viel, er setzte zum Sprung an, erwischte einen dieser Safarigangster – und dann ging es ganz schnell: Laute Schreie, Rufe, einige Gewehrschüsse, auf einmal gab es keine Sippschaft „Löwenherz“, nur noch LEONIE, die junge Löwin, und ihre beiden Brüder LAMBERT und LUDWIG, den jüngsten der drei zusammengebliebenen Geschwister Löwenherz.
Das hohe, schützende Steppengras und ihr ängstliches Zusammenkuscheln hatte sie davor bewahrt, entdeckt zu werden.

Eine ganze Weile verharrten die drei in ihrem Versteck, bis LEONIE das Zeichen zum Aufbruch gab. Ängstlich und vorsichtig folgten ihr ihre Brüder LAMBERT und der kleine LUDWIG, als sie im Schutze des hohen Steppengrases ein neues Versteck und etwas zum Fressen suchten. LAMBERT mußte sich auf einmal ausstrecken, das lange geduckte Schleichen zwang ihn geradezu, sich einmal an einem Baum zu strecken. Und – obwohl LEONIE davor gewarnt hatte – und – obwohl diese Situation auch ein Safarijäger beobachtet hatte, hielt er den sich ausstreckenden Löwen nicht für einen Löwen, also auch nicht für ein zu jagendes Tier. Schließlich war das, was er da am Baum sah, ein „Zweibeiner", also kein zu erlegendes Tier.

LEONIE hatte erst große Angst um ihren Bruder – doch als sie entdeckte, daß nach einigen ähnlichen Situationen, in denen auch sie sich – gegen einen Baum gelehnt – auf den Hinterbeinen stehend, die berüchtigten „SAFARIGANGSTER“ sie nicht anschossen, beschlossen die drei LÖWENHERZENS, diese Art von Gang von nun an zur eigenen Sicherheit stets zu proben. Denn offensichlich hielt man sie dann nicht für wilde Tiere.

Sie schauten sich noch ein paar andere Eigenarten dieser sonst wild schießenden Zweibeiner ab, trugen hier ein Schleifchen und dort einen Hut – und bald konnten sie fast ungeniert und fröhlich durch die Steppe tollen.

Zwar waren sie natürlich immer wieder traurig, wenn sie an frühere Zeiten und ihre Familie dachten – und gaben lange die Suche nach ihren verlorengegangenen Verwandten nicht auf, doch als so mancher Tag, manche Woche, ja Monate vergangen waren, seitdem sie von einer auf die nächste Sekunde auf sich selbst gestellt waren, begannen sie ihr neues „Zweibeinerleben“ immer perfekter zu trainieren – bis sie eines Tages sogar begannen, die merkwürdige Sprache der anderen Zweibeiner, genannt Menschen, zu lernen.

Bald konnten sie die „Menschensprache, die Sprache vieler unterschiedlicher „SAFARIGANGSTER“, wie sie sie nannten, fast perfekt sprechen, da stießen sie auf ein neues Problem: Mit einem Mal wollten all die anderen Tiere der Steppe und der Wildnis mit ihnen nichts mehr zu tun haben; denn zu anders war ihr Verhalten geworden! Allein schon der aufrechte Gang! Dann die verhaßte Sprache, die sie sprechen konnten, die Sprache derer, die Tiere jagten. Und so waren LEONIE, LAMBERT und LUDWIG gezwungen, sich einen neuen Lebensraum zu suchen.

Offensichtlich hatten sie sich mit all dem, was sie gelernt hatten, zwischen alle Stühle gesetzt. Wie sehr, merkten sie erst, als die ersten Menschen ihre Fähigkeit zu sprechen kennengelernt hatten – und sie jetzt zu jagen begannen, um sie lebend in einem Varieté oder Zirkus auftreten zu lassen.

ZIRKUS
LEONIE & LUDWIG & LAMBERT

Lange Zeit konnten sie aber dennoch flüchten, bis sie eines Tages in eine Falle von besonders cleveren Gangstern gerieten, die LEONIE, LAMBERT und den kleinen LUDWIG in große Überseekisten packten...

... und nach Europa verschifften.

Dort angekommen, konnten Ludwig und Lambert in einem unbeobachteten Moment fliehen – nur LEONIE blieb in ihrer Kiste übrig. Gangster versuchten die Kiste, die für einen Zoo bestimmt war, an sich zu reißen – doch – durch einen für LEONIE glücklichen Umstand landet sie im Hause von Laurenz C. Lehmann, einem Forscher, der sie gerne in seinem Haus aufnimmt.

Was für ein besonderes „LÖWENFRÜCHTCHEN“ der Forscher LEHMANN vom ZOOLOGISCHEN INSTITUT der Goethe Universität, Außenstelle für Verhaltensforschung, da ins Haus geholt hat, wird er bald merken. Denn eine naturgewohnte Löwin und ein zivilisierter, aber neugieriger Forscher passen zusammen wie Feuer und Wasser.

„Hat ein Löwe Langeweile,
liegt er lange ohne Eile
dösend und in schönsten Träumen
im Schatten unter großen Bäumen!“

Wer richtig hinschaut, kann bald entdecken,
wo sich noch andere Tiere verstecken!

Auflösung: letzte Seite

AUFRÄUMEN – oder
Wo ist der Führerschein geblieben?

Professor LEHMANN hat, als er heute aus dem Haus gegangen ist, sehr darüber geschimpft, daß es auf seinem Schreibtisch „saumäßig" aussähe.

LEONIE und TINA wollen ihm eine Freude machen – und in seiner Abwesenheit machen sie sich an die Arbeit. TINA stapelt fein säuberlich die vielen Papiere und Zeitschriften und legt sie ins Regal.

„Hey, was machst Du denn da?“, entfährt es ihr, als sie entdeckt, daß LEONIE am Schreibtisch sitzt und die Papiere ansieht und dann wegwirft.
„Laß mal, geht schon in Ordnung, alles steppenklar!“, antwortet LEONIE und macht mit Volldampf weiter.

„Nix klar, LEONIE, Du kannst LEHMANNS Papiere doch nicht einfach wegwerfen!“, korrigiert sie TINA.
„Ich werfe gar nichts weg, ich ordne, geierstark!“, kommentiert die vielbeschäftigte LEONIE.

Als der Schreibtisch dann schon recht leer und aufgeräumt aussieht, klingelt es plötzlich Sturm an der Haustür. LEONIE und TINA verstecken sich ängstlich hinter der Tür. Ein Polizist und LEHMANN stehen vor der Tür. „Hey, Tina, mach doch auf“, ruft der Professor ganz aufgeregt.

„Der hat's aber warzenschweinmäßig eilig, was ist bloß passiert?“ TINA deutet LEONIE an, sie solle verschwinden, dann öffnet sie die Tür.

„Stellen Sie sich vor, Tina, ich bin in eine Polizeikontrolle geraten – und hatte keinen Führerschein dabei.

Der muß doch auf dem Schreibtisch liegen“, kann er noch sagen, dann marschiert LEHMANN schnurstracks in sein Arbeitszimmer.

„Mich trifft der Schlag“, ruft LEHMANN, als er den völlig leeren, aufgeräumten Schreibtisch sieht. „Ich bin sicher, daß er hier zuletzt gelegen hat!“

„Na, dann zeigen Sie ihn mir doch“, fordert der Polizist LEHMANN auf. Dem bricht der Schweiß aus. „Sie wissen, sonst müssen Sie eine Strafe zahlen!“

LEHMANN nickt, er weiß Bescheid.

Dann fällt sein Blick auf den Papierkorb – und er murmelt vor sich hin: „Typisch Löwin! Aus den Augen – aus dem Sinn! Wirft einfach all meine Papiere weg.“
„Sagten sie etwas“, fragt der freundliche Polizist.
„Ach nichts, das können sie nicht verstehen!“, antwortet LEHMANN und sucht fieberhaft weiter.

Dann endlich fischt er seinen Führerschein aus dem Papierkorb und reibt ihn dem freundlichen Beamten unter die Nase.
„Alles in Ordnung, Herr Professor – und nichts für ungut!
Auf Wiedersehn“, grüßt der Polizist und geht.

„Das geht auf Dein Konto, stimmt's LEONIE?“, mutmaßt der Professor.
„Aber woher soll eine Löwin denn auch wissen, wie Sie Ihre Ordnung wünschen?“, wirft TINA ein. „Wir haben's ja nur gut gemeint“, verteidigt sich LEONIE.
„Fast zu gut!“, schmunzelt LEHMANN, „Bloß gut, daß Dich der Polizist nicht entdeckt hat.“

UND DAS SIND DIE SPIELREGELN:

SPIELREGELN:

1. Mitspielen kann, wer will, er muß nur einen kleinen Löwen oder ein „kleines Männchen" als Löwen dabei haben.

2. Aus dem Start – Zirkuszelt, in das „wilde Löwen nun mal nicht gehören", kommt man, nachdem man eine 6 gewürfelt hat.

3. Wer auf dem Feld eines anderen Löwen, der unterwegs ist, per Augenzahl des Würfels landet, muß ein Feld hinter ihm bleiben, denn wer zuerst da war, hat die älteren Rechte auf seinen Stammplatz.

4. Ziel muß es sein, in die „SERENGETI" zu kommen. Dazu muß man mit der Würfelaugenzahl genau auf die gestreiften Felder kommen, wenn nicht, geht es über das erste gestreifte Feld hinweg – über den Umweg – zum nächsten.

5. Wer auf den Feldern:
- DORF
- STADT
- WALD in EUROPA

und
- LANDSTRASSE landet,

muß jeweils 4 Felder zurückgehen.

6. Wer auf den Feldern:
- WÜSTE
- STEPPE

oder
- URWALD landet,

darf jeweils 2 Felder vorrücken.

7. Wer als erster in der „SERENGETI" landet, hat gewonnen, denn er ist als Löwe endlich zuhause angekommen.

EIN LÖWE WILL NACH HAUSE

DORF
STEPPE
GROSS-
STADT
WALD IN
EUROPA

Die HUNDERTTAUSENDER-INSPEKTION oder LEONIE WILL MIT!

Professor LAURENZ C. LEHMANN hat heut schon nach dem Frühstück LEONIE erklärt, daß er aus dem Haus müsse. Er muß seinen Geländewagen in die Inspektion bringen. Schließlich hat der Wagen LEHMANN schon bei vielen Expeditionen gute Dienste geleistet – und „Wer weiß, wann ich auf die nächste Reise muß?", bemerkt er ganz nebenbei. LEONIE findet eine „Hunderttausender-Inspektion" aufregend und will unbedingt mit. Dabei weiß sie ganz genau, daß sie nicht mitkommen kann, denn wenn sie „draußen" jemand sähe, dann würde man sie Professor LEHMANN wegnehmen – und an einem anderen Ort hätte sie es sicherlich nicht so gut, wie bei ihm. „Also bleibst Du zuhaus!", schließt LEHMANN seine Schilderungen, daß es unmöglich sei, mitzukommen.

„Na gut, dann bleib' ich eben hier! Wenn's nicht anders geht", versichert LEONIE scheinheilig und denkt bei sich: „LEHMÄNNCHEN, ich lasse mich nicht so einfach abschieben. Ich will etwas erleben – und nicht ewig in der Bude hocken. Ich bin doch keine Salonlöwin", grinst – und Professor LEHMANN fährt in dem guten Gefühl, daß seine Entdeckung, die erste sprechende Löwin, LEONIE LÖWENHERZ, zuhause geblieben ist, los.

LEHMANN hat einen „Affenzacken“ drauf, weil er nicht zu spät zum Werkstattermin kommen will – und sein Kalender ist heute voll mit Terminen. Er weiß noch nicht, welche Fracht hinter seinem Sitz unter einer Decke liegt ...!

In der Werkstatt hat Benny Kruse, der junge KFZ-Meister, schon auf den merkwürdigen Professor LEHMANN gewartet, bekommt den Autoschlüssel, denkt sich nichts Böses und holt gleich seine Jungs, damit sie mit ihm zusammen den Geländewagen durchchecken. Noch weiß er nicht, was da unter der karierten Decke hinter den Vordersitzen liegt – und von der Rüttelei der Fahrt so müde geworden ist, daß „es“ eingeschlafen ist...

SERVICE

Professor LEHMANN ist froh, daß er LEONIE hat davon überzeugen können, daß es für sie besser ist, zuhause zu bleiben. „So eine Löwin gehört einfach nicht auf die Straße“, denkt er schmunzelnd, „was könnte da alles passieren?“ Und er ist stolz darauf, daß sie, dieses „wilde Tier“, ihm gehorcht hat, denkt er – und geht auf einen Sprung ins Café nebenan.

Meister Kruse, sein Geselle Thomas und der Lehrling haben sich mit den Inspektionsarbeiten am Wagen des Professors ordentlich beeilt, jetzt gönnen sie sich ihre wohlverdiente Frühstückspause. Kruse weiß beim Essen so manche Geschichte über den „komischen Professor“, wie sie LEHMANN nennen – und seinen Wagen zu erzählen. Thomas und der Lehrling Martin lauschen gespannt Kruses Erzählungen. Martin vergißt dabei sogar das Kauen seines Brotes. „Was wir in LEHMANNS Wagen schon alles gefunden haben, das glaubt ihr mir nie. Gerade letztes Jahr, da lagen hinten im Kofferraum noch ganze Knochen von Tieren nach einer Wüstenreise – und wir dachten noch, bloß gut, die leben ja nicht mehr. Da bekamen wir es mit der Angst zu tun, da klapperte es nämlich, das war kein defektes Radlager: und plötzlich kam eine Klapperschlange zum Vorschein. Die hatte sich in den Wagen verirrt und sogar die Schiffsreise überstanden. Aber heute ist nichts mehr los“, konnte er noch bemerken, „der alte Prof war schon lange nicht mehr weg!...

...da erwachte LEONIE hinten, im Geländewagen, unter der Decke. „Ich bin wohl eingeschlafen“, dachte sie grad noch, als sie einen Blick unter der Decke – aus dem Wagen heraus riskierte. Was mußte sie da sehen? „Das ist ja wie auf einem Baum! Das Auto steht ja gar nicht mehr auf dem Boden. Das find' ich warzenschweinmäßig ätzend!“, entfuhr es ihr. Und vor lauter Schreck entfuhr ihr ein lautes „Löwenuaahh!!!!!“...

…so laut, daß Meister Kruse, seinem Gesellen Thomas und Martin, dem Lehrling, vor Schreck die Brote und die Thermoskanne aus den Händen fielen – und Martin sich sogar verschluckte.
„Was war das?“, fragte Kruse als erster. „Etwa eee…ine Schlapperklange?“, stotterte Thomas vor Angst. „Quatsch, das heißt Klapperschlange – und die können nicht brüllen!“, stellte Kruse nüchtern fest. „Aber merkwürdig klang das schon“, beeilte sich Martin festzustellen, „hörte sich an, als käme es aus der Werkstatt!“

Als ob LEONIE dem Lehrling Martin recht geben wollte, brüllte sie noch einmal, so wenig schön fand sie es – hinten im Auto, aufgebockt auf einer Hubsäule.

Und sie schwor sich, Lehmann so schnell nicht wieder zu widersprechen. „Hauptsache, mich entdeckt heut niemand – und ich komm' mit heiler Haut davon!"

Kruse und seine Jungs hatten gerade all ihren Mut zusammengenommen und marschierten im Gänsemarsch, einer hinter dem anderen – und der Chef selbstverständlich vorneweg, Richtung Werkstatthalle...

…da mußten sie LEONIES zweites schreckliches „Löwenuahh!!“ vernehmen, wurden blaß um die Nase – und fielen vor Schreck fast um.

„Jedenfalls“, bemerkte Kruse, als er sich wieder erholt hatte, „ich rühr’ die Steppenbeule vom Professor heut’ nicht mehr an! Und ich rat’ Euch, Ihr laßt am besten auch die Finger davon!“

Als Professor LEHMANN zur verabredeten Zeit aus dem Café kam, um sein vollständig gewartetes Auto abzuholen, stammelt der Meister Kruse irgend etwas Unverständliches, von wegen „...heut' so viel zu tun, Sie müssen demnächst noch einmal wiederkommen...", übergibt LEHMANN hastig die Schlüssel und will sich aus dem Staub machen. So schnell läßt LEHMANN nicht locker, doch als er von Meister Kruse von einem schrecklichen „Löwenuaahh" hören muß, fällt ihm sofort sein „tierischer Besuch" ein – und die Möglichkeit, daß LEONIE vielleicht doch nicht seinem Ratschlag gefolgt und zuhaus geblieben ist.

LEHMANN steigt in den Wagen und versucht, so schnell wie möglich vom Werkstattgelände zu fahren, denn wenn es stimmt, was er vermutet, daß LEONIE sich hinten im Wagen versteckt hält, dann wäre sie in Gefahr, entdeckt zu werden. „Wenn es stimmt, was ich vermute, kleine Löwendame, dann gibt's ein paar hinter die abgeschleckten Löwenlöffel“, brummelt LEHMANN vor sich hin – und muß bei dem dichten Straßenverkehr höllisch aufpassen, daß ihm niemand an den Wagen fährt.

Zuhaus angekommen, fährt er sofort in die Garage und schaut, natürlich erst, nachdem er das Garagentor geschlossen hat, hinter den Rücksitz und unter die Decke im Kofferraum. „Keine LEONIE, braves Löwenkind“, denkt er, als er die karierte Decke wieder in den Wagen zurücklegt und ins Haus geht. Dort sitzt LEONIE in LEHMANNS Lieblingssessel, als könne sie kein Wässerchen trüben. „Da bist Du ja!“, freut sich LEHMANN. „Wo soll ich sonst sein“, antwortet ihm LEONIE frech. „Na ja, ich dacht' ja nur, weil, in der Werkstatt gab's ein merkwürdiges „Löwenuaahh“ – aber Du kannst das ja gar nicht gewesen sein, Du warst ja hier!“ „Wenn Du das sagst, LEHMÄNNCHEN“, erwidert LEONIE – und muß sich sehr zusammennehmen, um ihm nicht von ihrem Ausflug zu erzählen. Schließlich mußte sie sich doch sehr beeilen, aus der Garage, aus dem Auto – ins Wohnzimmer zu kommen.

Lebt 'ne Löwin
nur im Haus,
gleicht sie das
durch Training aus!

LEONIE betrachtet Bilder –
die Phantasie wird immer wilder:
wißt Ihr denn noch die beiden Namen –
von ihren Brüdern, die entkamen?

Euch war sicherlich bekannt,
der mit dem Ball in einer Hand –
das kann nur Bruder LAMBERT sein,
beherrscht das Spiel und macht sich fein!
Der Kleine liebt von Fall zu Fall
auch das Spiel mit einem Ball,
jedoch gibt er ihm einen Tritt –
der kleine LUDWIG kickt gern mit!

AUFLÖSUNG

1. AFFE
2. GIRAFFE
3. PAPAGEI
4. ZEBRA
5. ELEFANT
6. SCHMETTERLING
7. SCHLANGE
8. TIGER
9. KROKODIL
10. WURM